AF232305

ANTOINE REDIER

LA COLONISATION

PAR

L'ENTREPRISE AGRICOLE

PARIS

IMPRIMERIE TOLMER ET Cⁱᵉ

3, RUE MADAME, 3

1884

ANTOINE REDIER

LA COLONISATION

PAR

L'ENTREPRISE AGRICOLE

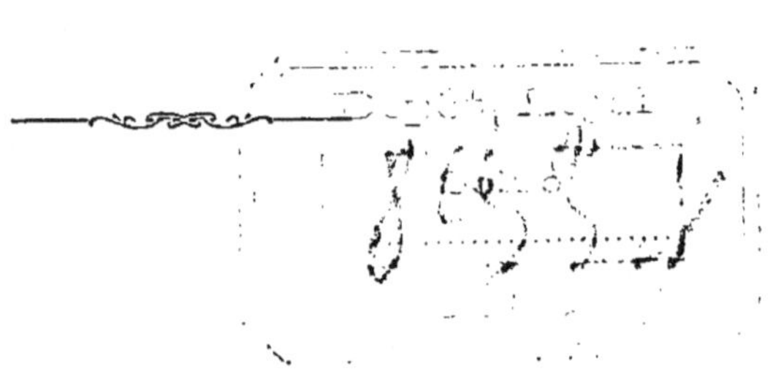

PARIS

IMPRIMERIE TOLMER ET Cⁱᵉ

3, RUE MADAME, 3

1884

LA COLONISATION

PAR

L'ENTREPRISE AGRICOLE

Au moment où la commission de colonisation de l'Algérie va reprendre ses travaux, j'ai pensé qu'il pourrait être utile de signaler l'inanité du système employé jusqu'à ce jour pour la répartition des terres aux colons.

A cela près, qu'au lieu de prendre pêle et mêle des ouvriers de toutes les professions, comme on l'a fait en 1849, l'on choisit aujourd'hui des ouvriers de la culture, le système n'a pas changé.

Au point de vue particulier du colon, il est certain que l'homme des champs résistera mieux que celui de la ville, qu'il s'en trouvera sur le nombre de robustes, intelligents, espèces de Robinsons industrieux qui trouveront moyen de vivre plus ou moins bien là ou d'autres mourraient de faim ; mais est-ce à cela que doit se borner le but de la colonisation ?

Ne doit-on pas tenir compte de l'intérêt général ? et si l'on examine la colonisation à ce point de vue, l'on reconnaît aussitôt que ce ne sera pas parce que quelques individus pris isolément auront à peu près réussi, que l'on arrivera à fonder une colonie digne de ce nom, que l'on parviendra à faire de l'Algérie, pas plus le grenier que la cave de la France.

Faire choix de bons colons parmi les cultivateurs semble aujourd'hui le mot d'ordre, le remède tout trouvé pour la réussite de la colonisation, et, de prime abord, rien ne semble ni plus rationnel, ni plus facile.

« Au lieu d'aller travailler à la journée comme il faisait dans son village, le colon travaillera pour lui, sera chez lui au milieu de sa famille, il ne lui restera plus rien à désirer, il y en a même qui vont jusqu'à penser que, du jour au lendemain, il abandonnera ses vieilles idées de routine pour devenir un cultivateur intelligent. »

Un tel ordre d'idées est d'autant plus dangereux, que partagé le plus souvent par les pouvoirs eux-mêmes, il tend à devenir la règle, et dispose à croire d'une manière absolue que du choix des colons dépend la prospérité de la colonie.

Ce principe qui peut être vrai pour un directeur ou pour un chef de colonie, cesse d'être applicable au travailleur de terre, tel qu'il est aujourd'hui, il faut attendre que son éducation soit faite, et il serait à souhaiter en attendant que l'on voulût bien se rendre compte des centaines de millions que cette éducation a déjà coûtés, en pure perte, pour la colonisation de l'Algérie.

D'ailleurs, dans quelle contrée ira-t-on recruter des colons capables d'installer, dans des conditions rationnelles, le moindre petit domaine?

Dira-t-on à un Alsacien, voire même à un Bourguignon, allez en Afrique cultiver la vigne comme vous la cultiviez dans votre pays !

Les prendra-t-on dans le Midi, dans quel département? sera-ce dans l'Aude, dans les Pyrénées-Orientales, où la production de la vigne atteint à peine 80 hectolitres à l'hectare, ou bien dans certaines contrées de l'Hérault où, par suite d'une culture mieux entendue, l'on récolte 200 et 250 hectolitres sur la même étendue?

Je comprends qu'en présence de ces différences énormes que je signale dans les produits de deux pays limitrophes dont le climat et le terrain sont les mêmes, je comprends, dis-je, que l'on se demande pourquoi les moins favorisés n'ont pas profité des leçons de leurs voisins.

C'est à ce pourquoi que je vais essayer de répondre par des exemples, qui démontreront en même temps le peu de cas que fait généralement le routinier convaincu des conseils que l'on tente de lui donner.

Pendant une période de plusieurs années, appelé souvent à parcourir les vignobles de l'Aude, je ne rencontrais guère de planteurs de vignes sans leur faire des observations sur leur mode barbare de placer le cep dans un trou de quelques centimètres à peine de diamètre et de 60 à 80 centimètres de profondeur.

Cent fois je leur ai fait ouvrir de petites tranchées au pied même de souches de 3 ou 4 ans, pour leur démontrer que les racines ne poussent plus au-dessous de 30 centimètres; je leur expliquais que cet excédent, ce tronçon privé de racines et trempant dans un fond humide poussait à la production du bois au détriment du fruit; je les engageais à faire quelques kilomètres chez leurs voisins de l'Hérault, afin de s'assurer par eux-mêmes des effets de la plantation coudée, d'où résultent ces différences énormes dans les produits de vignes similaires. C'était peine perdue, car, je l'avoue à ma honte, j'ai opéré bien peu de conversions, le cri d'encouragement du propriétaire à ses travailleurs lorsqu'ils enfoncent le pieu, est toujours le même : Endins.

Un exemple de faits plus récents démontrera encore mieux la puissance et, en même temps, les dangers de la routine. En quittant le département de l'Aude, au moment où l'on pénètre dans celui des Pyrénées-Orientales, on découvre sur la gauche une vaste plaine qui, il y a 4 ou 5 ans à peine, était encore couverte de riches prairies, luzernes et autres, ce qui suffit à indiquer la nature du terrain.

Or le phylloxera aidant, les propriétaires, assez nombreux du reste puisqu'il s'agit de plusieurs communes, résolurent de transformer leurs prairies en vignes : il est certain que des vignerons de l'Hérault ayant une pareille besogne à faire, n'auraient, je ne dis pas hésité, ils n'auraient même pas songé que l'on pût mettre dans un pareil terrain d'autres plants que du plant tendre ; messieurs les Roussillonnais en ont jugé autrement, ils ont mis du plant dur.

Résultat : perte de la qualité, puisque la récolte ne sera plus que du vin de plaine ; perte de la quantité, puisque les produits des plants durs atteignent à peine la moitié de ce que produisent les plants tendres.

Si j'ajoute à cela un mot de statistique, il en résulte que cette opération faite seulement sur 1,000 hectares donnera une perte annuelle de 100,000 hectolitres ; or comme la durée de la vigne, de 20 à 25 ans dans l'Hérault, est de 30 ans dans le pays en question, il résultera une perte totale de 3 millions d'hectolitres pour la période de cet assolement.

Ces exemples suffiront, je pense, pour montrer où peuvent

conduire de fausses opérations agricoles lorsqu'on agit sur de grandes étendues.

Depuis quelque temps la presse, en général, publie de longs et intéressants articles tendant à démontrer que notre industrie ne pourra bientôt plus soutenir la lutte pour la production à bon marché, si elle ne se décide à perfectionner son outillage; n'y aurait-il pas lieu d'adresser les mêmes recommandations à l'agriculture? et puisque l'occasion s'en présente, messieurs les membres de la commission de colonisation de l'Algérie ne pourraient-ils étudier un système de colonisation plus en rapport avec les connaissances et les idées modernes? On n'ose l'espérer, car à ce propos, le rejet, par le Sénat, du projet du crédit agricole qui lui était soumis, mérite d'autant plus d'attirer l'attention, qu'il signale une fois de plus l'état d'incertitude qui pèse sur les décisions des pouvoirs, chaque fois qu'il s'agit d'agriculture.

Et, en effet, les mêmes arguments qui ont triomphé dans la discussion, sont souvent employés avec un égal succès, tantôt pour contester, tantôt pour affirmer les aptitudes diverses des cultivateurs.

Ainsi par exemple aujourd'hui, M. Oudet, l'honorable sénateur de l'Ain, a fait décider par la majorité du Sénat, que le crédit agricole serait un instrument dangereux aux mains du cultivateur et qu'il ne fallait pas le lui accorder.

Mais, que demain arrive en discussion un projet sur la colonisation de l'Algérie, il se trouvera un orateur non moins éloquent qui viendra démontrer que ces mêmes cultivateurs possèdent, seuls, toutes les aptitudes, que l'on peut en toute sécurité leur confier des terres, de l'argent et que la colonie sera fondée.

De ces contradictions, il résulte un fait certain, c'est que l'on promet, et toujours sans pouvoir tenir, de venir en aide a l'agriculture, et que le travail de la colonisation qui suffit à peine à faire quelques heureux marche avec une lenteur désespérante. Pourquoi n'emploierait-on pas pour l'agriculture les puissants moyens de l'entreprise qui rendent de si grands services à l'industrie ?

Pour l'une comme pour l'autre les mêmes causes produiraient les mêmes effets.

Toutefois il faut reconnaître que si l'industrie, grâce à son activité et à son esprit d'initiative, tend à se developper, l'agriculture au contraire, sans cesse étreinte par son esprit d'hésitation, semble condamnée à rester stationnaire.

Comme il n'est guère permis de compter que sur le temps et de nombreux exemples pour modifier une pareille situation, l'Etat voudra-t-il abandonner les vieux errements lorsqu'il s'agira de créations nouvelles ?

C'est dans cet espoir que j'ai l'honneur de proposer un nouveau plan de colonisation.

Qu'il me soit permis de déclarer d'abord que le but de ma proposition est :

1º De supprimer la période de mise en culture qui est le plus sonvent au-dessus des forces du colon.

2º De confondre les intérêts de la grande et de la petite culture sans rien perdre des avantages que chacune présente séparément.

3º D'introduire dans la culture un large système d'entreprise duquel résulterait avant peu le mode le plus rationnel de crédit agricole que l'on puisse offrir aux cultivateurs.

4º Enfin de prendre certaine jeunesse à cet âge critique

de 15 ans, au moment où elle quitte l'école, pour l'employer jusqu'à celui du tirage au sort, à venir en aide à l'agriculture par le moyen des machines.

J'essaierai de comparer par des chiffres les résultats de la colonisation par les moyens lents, employés jusqu'à ce jour, avec les moyens rapides que je propose :

Étant donnée une superficie de 2,000 hectares sur laquelle doit être installée la colonie :

J'établis d'abord à 100 mètres du périmètre un chemin de fer de ceinture (il s'agit ici tout simplement d'une voie ferrée industrielle destinée à relier entre elles les habitations de la colonie, pour faciliter les rapports fréquents tant des colons que des apprentis avec la ferme centrale et l'École ; de faciliter en un mot un développement d'activité qui manque généralement à l'agriculture, et qui exercera certainement une influence salutaire sur l'esprit des apprentis et sur l'esprit général de la colonie). Sur le parcours de cette voie ferrée dont la longueur est d'environ 18 kilomètres, je construis par groupes de quatre les habitations des colons en y ménageant toutefois une chambre spacieuse pour loger 5 apprentis, 6 au besoin, et un hangar pour l'atelier rustique.

Les groupes de maisons se trouvant espacés à 700 mètres environ l'un de l'autre, j'ai donc 25 groupes, soit 100 habitations pouvant recevoir 100 colons avec leurs familles et en outre un nombre de 5 à 600 apprentis.

Si l'on accorde à chaque colon 3 hectares destinés à devenir sa propriété particulière, il restera au centre une vaste propriété de 1,700 hectares, et c'est au centre même de la colonie que j'établis la grande ferme agricole et industrielle. Celle-ci se compose de vastes locaux pour écoles, logements pour le personnel dont un Directeur, un sous-directeur, comptables et employés divers; écuries pour les diverses catégories d'animaux, vastes hangars et ateliers pour les machines, et enfin usine ou fabrique pour la transformation des produits qui devront varier en raison de la nature des terrains et de la situation de la colonie. Les travaux de construction et de défrichement pouvant marcher simultanément, il est probable que la majeure partie des colons avec leurs apprentis pourra être installée dès la fin de la première année; ils le seront tous certainement avant la fin de la deuxième; à partir de ce moment les travaux de l'entreprise terminés, et les divers services organisés, la colonie se trouvera en pleine activité.

Les Directeur et sous-directeur nommés par la Société ou par le gouvernement auront la haute main sur tout le personnel de la colonie, le sous-directeur restant principalement chargé de la direction de la comptabilité, dont la rigoureuse exactitude sera d'une importance capitale pour l'avenir de la colonie.

En raison de la faible rémunération que trouvront les apprentis, il sera ouvert par les soins de la comptabilité générale, un compte dit : de Réserves des apprentis.

Au moment de chaque inventaire de fin d'année, ce compte sera crédité d'une somme égale à leur nombre et à raison de cent francs, pour chacun d'eux, pour la première année de leur arrivée et de deux cents pour les années suivantes. Ce crédit pourra être augmenté lors des années d'abondance, il pourra l'être encore par des dons provenant de personnes étrangères à la colonie.

La comptabilité aura encore à ouvrir un compte particulier à chaque colon.

L'AVENIR ET LE ROLE DES COLONS

En raison du rôle important qu'ils auront à remplir et des avantages qu'ils en recevront dans l'avenir, les colons seront toujours choisis parmi les pères de famille, ils auront à recevoir sous leur toit et à leur table 5 ou 6 apprentis dont ils devront s'occuper comme de leurs propres enfants. Toutefois l'administration centrale pourvoira à tout ce qui concerne l'habillement de l'apprenti et fournira le pain nécessaire au colon et toute sa famille.

Le colon recevra d'abord une maison prête à habiter et en outre 3 hectares de terre défrichée qu'il pourra cultiver comme il l'entendra avec l'aide de ses apprentis ; toutefois il restera aux ordres de l'Administration centrale qui pourra lui demander tous les jours 2 et parfois 3 apprentis, soit pour la manœuvre des machines, soit pour d'autres travaux d'atelier ou de culture.

En vue de quelques avances dont il pourrait avoir besoin, le colon aura son compte ouvert à l'administration centrale, et la faculté de se rembourser au moyen de produits de ses 3 hectares.

De même s'il a besoin d'engrais, de semnces et même de travaux de labours ou autres, l'administration centrale les lui fournira et des prix établis d'avance.

Après un séjour de trois ans le colon deviendra propriétaire définitif de sa maison et des 3 hectares y attenant, mais il ne pourra en aucun cas en changer la destination avant l'époque qui sera fixée ultérieurement.

A partir de la huitième ou dixième année, alors que les recettes auront permis de rembourser les avances faites soit *par l'État*, soit par une *Compagnie financière*, les colons, soit qu'ils veuillent se former en compagnie pour continuer le même système d'exploitation ou qu'ils veuillent liquider, seront chacun de droit propriétaires d'un centième de la propriété et, à ce titre, pourront en disposer comme ils l'entendront.

L'admission des colons sera établie par un contrat synallagmatique entre l'administration et le colon.

DES APPRENTIS

Les apprentis seront choisis parmi les orphelins et les enfants abandonnés, alors qu'à l'âge de 14 et 15 ans ils quittent définitivement l'école, et qu'ils commencent à devenir un embarras pour les municipalités. Les pénitenciers et les indigènes pourront en outre fournir leur contingent, dans une certaine proportion :

1° Parmi les orphelins.. . . . . 3 ⎫
2° Parmi les jeunes pénitenciers.. . . . . . 1 ⎬ Par groupe.
3° Enfin parmi les enfants des indigènes. 2 ⎭

Ils seront installés par groupes de 5 ou 6 au plus chez les colons, qui les emploieront à travailler leurs 3 hectares ou les enverront à tour de rôle à la ferme centrale suivant les ordres qu'ils en recevront.

Indépendamment de cette occupation journalière, le hangar attenant à chaque ferme de colon sera pourvu de bois, d'un établi et d'outils divers dont, à certains moments, les apprentis seront tenus d'apprendre à se servir.

En outre, comme la ferme centrale sera pourvue d'ateliers de fer, de bois, etc., les apprentis qui montreraient une certaine aptitude seraient admis comme apprentis dans ces ateliers.

Ainsi placée sous une direction semi-paternelle, loin des dangers qui résultent d'agglomérations nombreuses, cette jeunesse dont le sentiment qu'elle aura, de n'être plus abandonnée, relèvera le moral, me paraît dans les meilleures conditions pour atteindre l'âge de sa majorité, et fournir de bons soldats à la patrie.

Il me reste à indiquer, approximativement, bien entendu, les dépenses qu'exigera la mise en plein rapport d'une colonie ainsi conçue, et d'indiquer les résultats que l'on sera en droit d'en attendre.

Je ne crois pas devoir parler de la valeur de la terre, puisque jusqu'à présent elle a été fournie gratuitement aux colons.

Chemin de fer de ceinture 18 kilomètres. . .	360.000
Défrichement de 2,000 hectares à 500. . . .	1.000.000
Plantation en vigne 1,000 hectares et entretien de la 2ᵉ année.	200.000
100 maisons de colon.	600.000
La ferme.	300.000
La cave 100,000 hectolitres.	800.000
Matériel.	200.000
Bestiaux.	200.000
	3.660.000
Intérêts pendant 2 ans environ 6 0/0. . . .	330.000
	3.990.000

Soit en nombre rond à rembourser 4,000,000 fr.

Il est certain qu'à partir de la 4e année, le produit de la
vigne suffira à payer l'intérêt de la somme dépensée, et
qu'à partir de la 5e ce même produit fournira plus d'un
million.

Or comme les produits des 700 hectares de cultures
diverses suffiront largement aux dépenses de toute nature
de la colonie, il en résultera, comme je l'ai déjà dit, que la
liquidation totale de la dette pourra, suivant les circons-
tances, s'effectuer au moyen du produit de la vigne, entre
la 8e et la 10e année.

Je laisse à qui de droit le soin de discuter ces chiffres, et
de comparer les résultats à ceux obtenus *par la culture* en
30 ans et plus dans les villages les plus florissants de
l'Algérie et d'en tirer les conséquences.

11,326 — Paris. — Imp. Tolmer et Cie, 3, rue Madame.